Gallimard Jeunesse/Giboulées Sous la direction de Colline Faure-Poirée

Maquette : Maria Vasilyeva - ISBN : 978-2-07-066301-9 Premier dépôt légal : mars 2015
Dépôt légal : juillet 2017 - Numéro d'édition : 324926 - Loi n° 49956 du 16 juillet 1949 sur les publications destinées à la jeunesse

Imprimé en France par Pollina - 81548E

Obéir désobéir

Textes : Dr Catherine Dolto et Colline Faure-Poirée
Illustrations : Frédérick Mansot

GIBOULÉES
GALLIMARD JEUNESSE

Range ta chambre ! C'est l'heure d'aller au lit, dépêche-toi ! À table, c'est l'heure ! Dis bonjour ! Parfois c'est facile d'obéir, parfois ça nous semble impossible.

MAINTENANT, RANGE TA CHAMBRE !

Les parents ont le devoir d'éduquer et de protéger leurs enfants, c'est un devoir pour les parents, c'est la loi. C'est pour cela qu'ils ont l'autorité et le droit de décider pour eux. Mais la loi, la Convention des droits de l'enfant, dit aussi que les parents n'ont pas tous les droits et qu'ils doivent nous respecter, être justes et ne pas nous faire du mal.

LA
LOT

Souvent, quand on est petit,
on se sent aussi fort que les grandes personnes, on se dit qu'on aimerait bien commander. Mais pourtant les adultes savent des choses que les enfants ignorent et c'est pour de bonnes raisons qu'elles nous demandent d'obéir.

SORS DE MA CLASSE !
352
270
170

Parfois on n'a pas envie d'obéir. Par exemple ça nous dérange de dire bonjour à quelqu'un qui arrive au moment où on est en train de jouer. C'est comme être obligé de dire au revoir à quelqu'un qu'on n'a plus envie de revoir. Parfois on nous demande de prêter ou de donner un jouet, quelquefois c'est impossible parce c'est comme si ça nous enlevait un morceau de nous-mêmes.

Souvent on serait d'accord pour obéir, mais pas tout de suite. Les parents ne sont pas d'accord, ils veulent qu'on obéisse immédiatement, ça les fâche beaucoup qu'on les fasse attendre. Ça nous rend tristes alors qu'on voulait juste un peu plus de temps pour jouer. Parfois ils se fâchent très fort et ça fait toute une histoire.

SU

Quelquefois les grandes personnes nous demandent de faire quelque chose qui nous fait trop peur mais on ne sait pas toujours leur dire : aller chercher un objet dans un endroit sombre ou demander quelque chose à un voisin qui nous intimide. Parfois ils nous envoient jouer avec des plus grands qui nous font un peu peur.

Parfois ce qu'on nous demande n'est pas très clair ou pas logique pour nous. Par exemple, il faut toujours être poli avec les grandes personnes, leur dire bonjour et au revoir et leur répondre quand elles nous parlent, en revanche on nous interdit de parler à des inconnus dans la rue même s'ils ont l'air gentils. On a le droit de demander qu'on nous explique un interdit car, quand on comprend mieux, c'est plus facile d'obéir.

IMPASSE DES TILLEULS
TU VEUX QUE JE T'AIDE ?
JE VOULAIS JUSTE TE DEMANDER MON CHEMIN !

C’est difficile de comprendre que les enfants plus grands ont le droit de faire certaines choses et pas nous : par exemple, aller chercher le pain ou le courrier tout seul. C’est parce que les grands connaissent mieux les dangers. Et nous, un jour, on sera grand aussi et on pourra faire comme eux.

TU PEUX ALLER CHERCHER DU PAIN ?
NON C'EST MOI !

On a parfois des amis qui aiment commander. Ils nous donnent l'ordre de faire des choses dangereuses ou défendues en se cachant, ou d'être méchants avec un autre ou avec un animal. Dans notre cœur, ça se déchire un peu. On sent que ce n'est pas bien, mais c'est difficile de dire non. Pourtant, dans ce cas, c'est bien de ne pas obéir.

Dans certaines familles
on a l'habitude de faire des promesses :
si tu obéis, tu auras ceci ou cela.
Alors, on prend l'habitude,
nous aussi, de demander des choses
en échange de notre obéissance
et souvent ça fâche les grandes
personnes qui disent :
pas de chantage ! C'est difficile
à comprendre, c'est pas logique.

TU M'AIDES S'IL TE PLAIT ?
D'ACCORD, MAIS TU MÉ DONNES 1 euro !

Il arrive qu'on nous demande
de ne surtout pas dire une chose
qu'on a vue ou de ne pas raconter
quelque chose qu'on nous a fait.
Quand on se sent mal à l'aise
de garder un secret, c'est comme
un petit message urgent qu'on
s'envoie à soi-même, c'est le signe
qu'il faut très vite trouver une grande
personne à qui se confier.

Dans la même collection :

60 Bouder
61 Raconte-moi une histoire
62 Les animaux de la maison
63 Les vaccins
64 La timidité
65 Fâchés, pas fâchés
66 La rue, mode d'emploi
67 Les allergies
68 Prêter
69 À la cantine
70 Ma famille recomposée
71 Les nounous
72 Faire confiance
73 Pourquoi tu pleures?
74 Obéir désobéir
75 Bien vivre tous ensemble
76 Histoires, de manger
77 Les mots et les images qui font
peur, explosions, attentats, peur
78 Harcelés Harceleurs